Bibliografische Information der Deutschen Nationalbibliothek
Die Deutsche Nationalbibliothek verzeichnet diese Publikation
in der Deutschen Nationalbibliografie;
detaillierte bibliografische Daten sind im Internet
über http://dnb.ddb.de abrufbar.

Redaktionelle Leitung: Eva Günkinger, Nina Schiefelbein
Lektorat: Sophia Marzolff
Fachberatung: Ulrike Holzwarth-Raether
Herstellung: Claudia Rönsch
Layout und Satz: Michelle Vollmer, Mainz
Illustration Lesedetektive: Barbara Scholz
Umschlaggestaltung: Mischa Acker
Printed in Spain
ISBN 978-3-411-70828-4

Lesedetektive

Achtung, wir kochen!

Nina Petrick

mit Bildern von Birgit Antoni

Dudenverlag

Mannheim · Leipzig · Wien · Zürich

Lea und Maxi sind Schwestern.
„Ich habe Hunger“, sagt Lea.
Maxi sagt: „Ich auch.“

Ihre Mägen knurren laut.
Zum Glück steht Papa bereits
in der Küche am Herd.
Er kocht.

1. Fall: Was isst Lea am liebsten?

☐ Würstchen

Lea liebt Pizza mit Salami.
Maxi isst am liebsten
Würstchen oder Eierkuchen.

☐ Eierkuchen

☒ Pizza

Lea schnuppert.
Leider riecht es nicht
nach Pizza oder Eierkuchen.

Da ruft Papa: „Ich koche
eine leckere Gemüsesuppe!“
Lea sagt:
„Iiih, es gibt wieder Eintopf.“

Maxi weiß nicht,
was ein Eintopf ist.
Lea erklärt es ihr.

„Man kocht in einem Topf verschiedene Gemüsesorten. Man kann Möhren, Zwiebeln und Kartoffeln nehmen.“

„Papa macht aber immer
zu wenig Gewürze dran“,
sagt Maxi.
Lea denkt nach.

2. Fall: Was gehört nicht in einen Gemüseeintopf?

Trauben

Papa ruft:
„Gleich ist das Essen fertig!
Es wird erlesen schmecken!“

Kartoffeln

Möhren

„Essen liest man doch nicht“,
sagt Lea.
Maxi kichert.

Als Papa ans Telefon geht,
laufen Lea und Maxi
schnell in die Küche.

Zum Glück haben sie viele Gewürze im Regal. In allen Farben: Grün, Braun, Rot und Gelb.

Papa sagt immer,
man nimmt eine Prise.
Aber wie viel ist eine Prise?

Lea nimmt das Salzfass.
Sie schüttet
eine halbe Hand voll
in den Suppentopf.

Und Maxi nimmt
ziemlich viele Krümel
von dem roten Gewürz.
Das Gewürz heißt Chili.

Dann schnappt sie sich
eine Möhre vom Tisch.
Möhren schmecken
roh am allerbesten.

Papa kommt zurück
in die Küche.
Vorsichtig trägt er den
dampfenden Topf zum Tisch.

Er verteilt die Suppe
auf die Teller.
Papa sagt:
„Lasst es euch schmecken!“

Lea kann vor lauter Aufregung
noch nicht essen.
Maxi probiert vorsichtig.

Ihr Gesicht wird feuerrot!
Auch Papa schnappt nach Luft.
Er sieht aus
wie ein Fisch an Land.

Papa ruft:
„Wasser, gebt mir Wasser!“
Lea ist jetzt doch neugierig.
Sie probiert ein bisschen.

Dann jammert sie:
„Es ist sooo scharf!"
Und Maxi sagt:
„Das kann kein Mensch essen!"

3. Fall: Wie heißt das rote Gewürz?

Cilli

Auch Papa klagt:

„Meine Zunge ist taub.

Ich verstehe das nicht.

Das ist mir noch nie passiert!“

Chili

Cihli

Er seufzt:
„Es nutzt nichts.
Wir lassen die Suppe stehen
und gehen Pizza essen.“

Lea beichtet:
„Wir haben die Suppe
nachgewürzt. Damit sie
mehr Geschmack bekommt.“

Papa lacht.
„Na ja, nach nichts hat sie
wirklich nicht geschmeckt.“

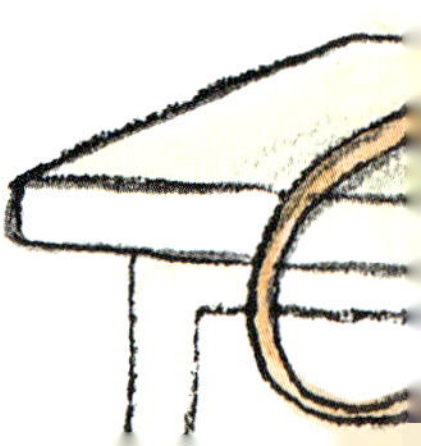

Lea und Maxi lachen auch.
Dann ziehen sie sich
alle drei die Jacken an.

Papa geht mit ihnen
in die Pizzeria an der Ecke.
Ausnahmsweise.

Als der Kellner kommt,
sagt Maxi grinsend:
„Bitte eine Pizza mit
möglichst wenig Geschmack!“

Was sagst du dazu?

Was ist deine Lieblingsspeise und welche Zutaten brauchst du dazu? Kannst du sie malen?

Schicke uns dein Rezept oder das Bild!
Als Dankeschön verlosen wir unter den Einsendern zweimal jährlich tolle Buchpreise aus unserem aktuellen Programm!
Eine Auswahl der Einsendungen veröffentlichen wir außerdem unter www.lesedetektive.de.

Gefunden!
Knote den Streifen einfach
an das Lesebändchen an
und fertig ist dein Lösungsschlüssel
für die Detektivfälle!
Nur bei der richtigen Antwort
passt das abgedruckte Symbol genau
in das entsprechende Schlüsselloch.